I0774257
Apprenez a dessiner des personnages adorables dans un style de mode.
INGOMY PRESS

CE LIVRE APPARTIENT À

Apprenez a dessiner des personnages adorables

Pratique

Pratique

Pratique

Pratique

Pratique

Pratique

Pratique

Pratique

Pratique

Pratique

Pratique

Pratique

Pratique

Pratique

Pratique

Pratique

Pratique

Pratique

Pratique

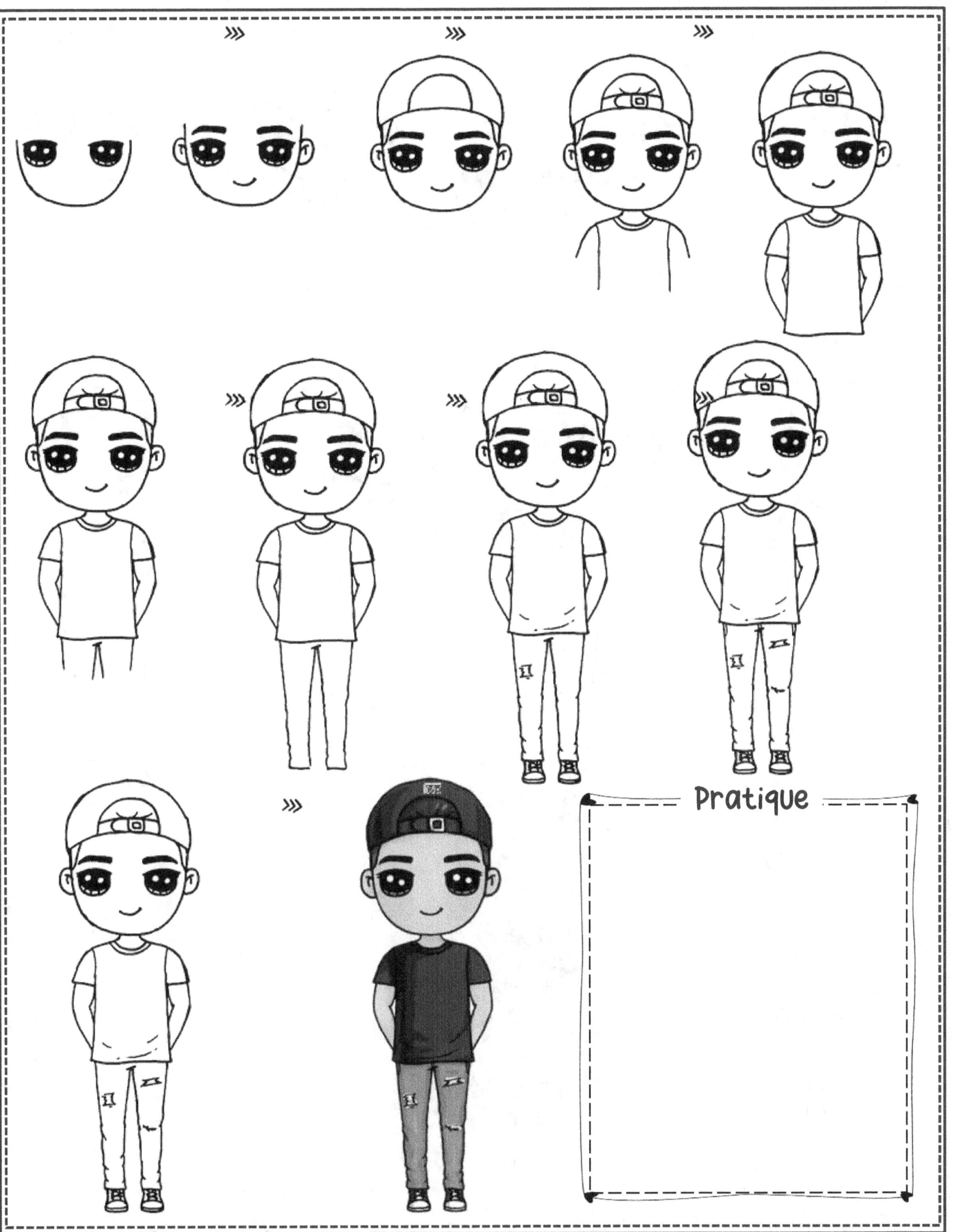

Pratique

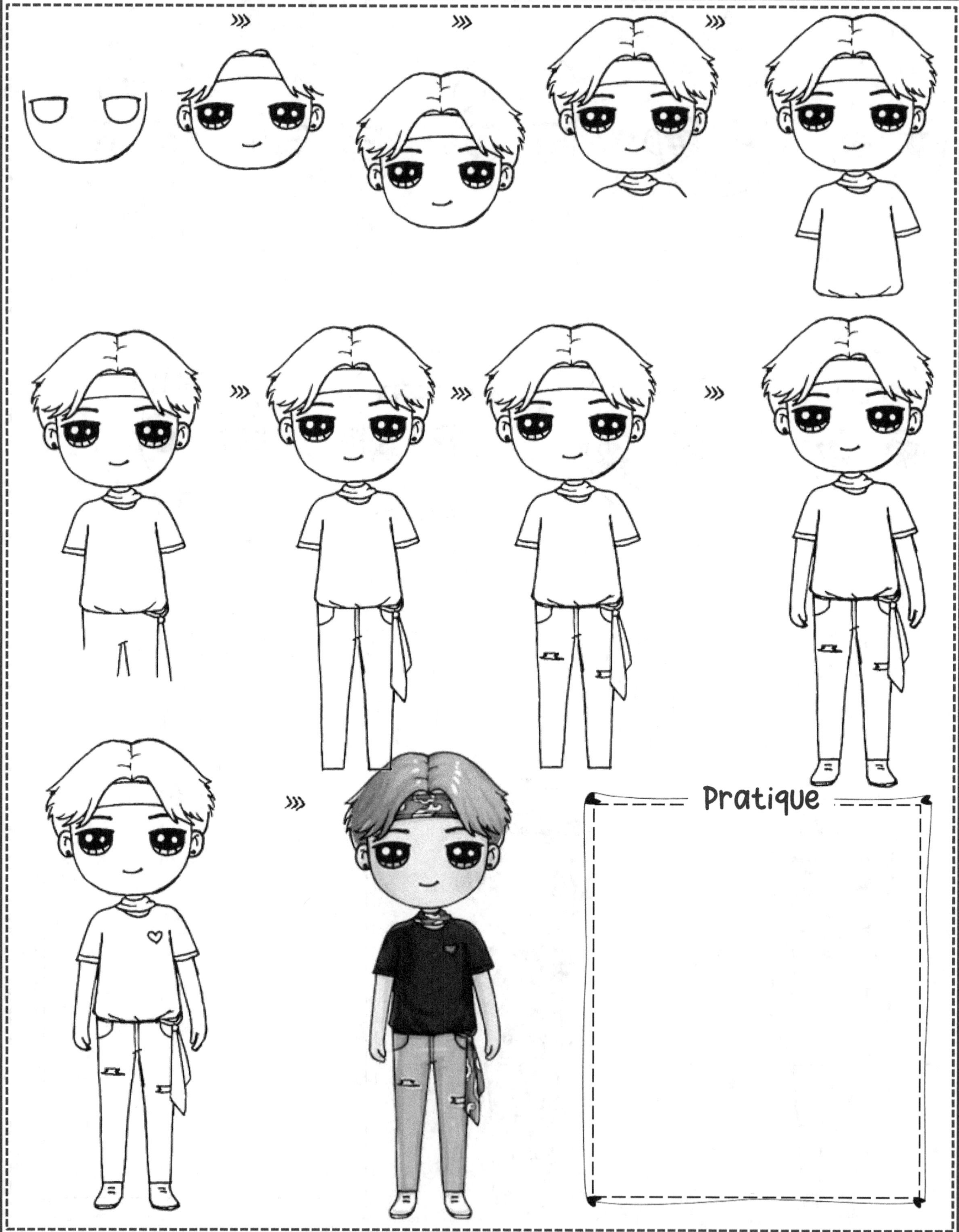
Pratique

Pratique

Pratique

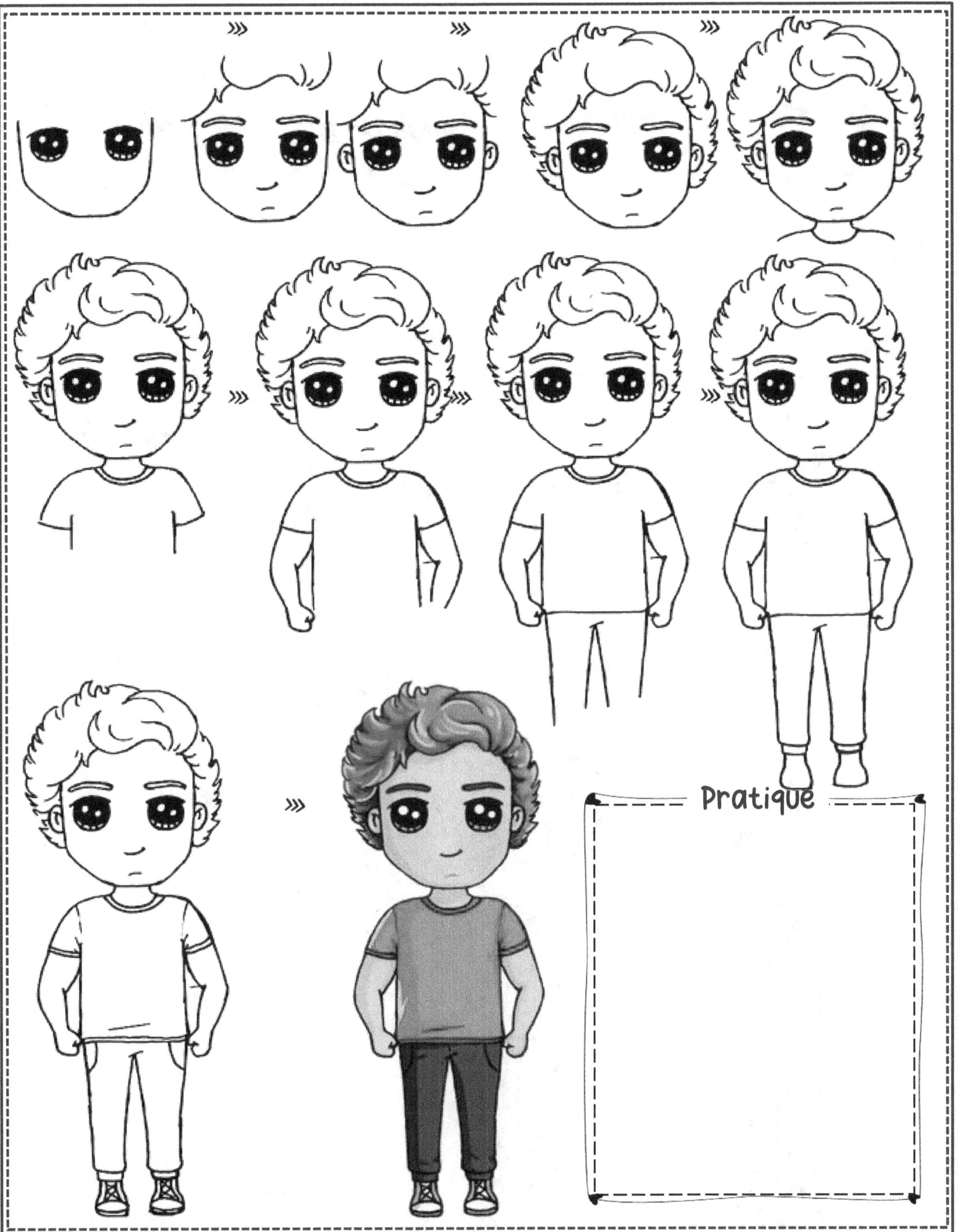

Pratique

Pratique

Pratique

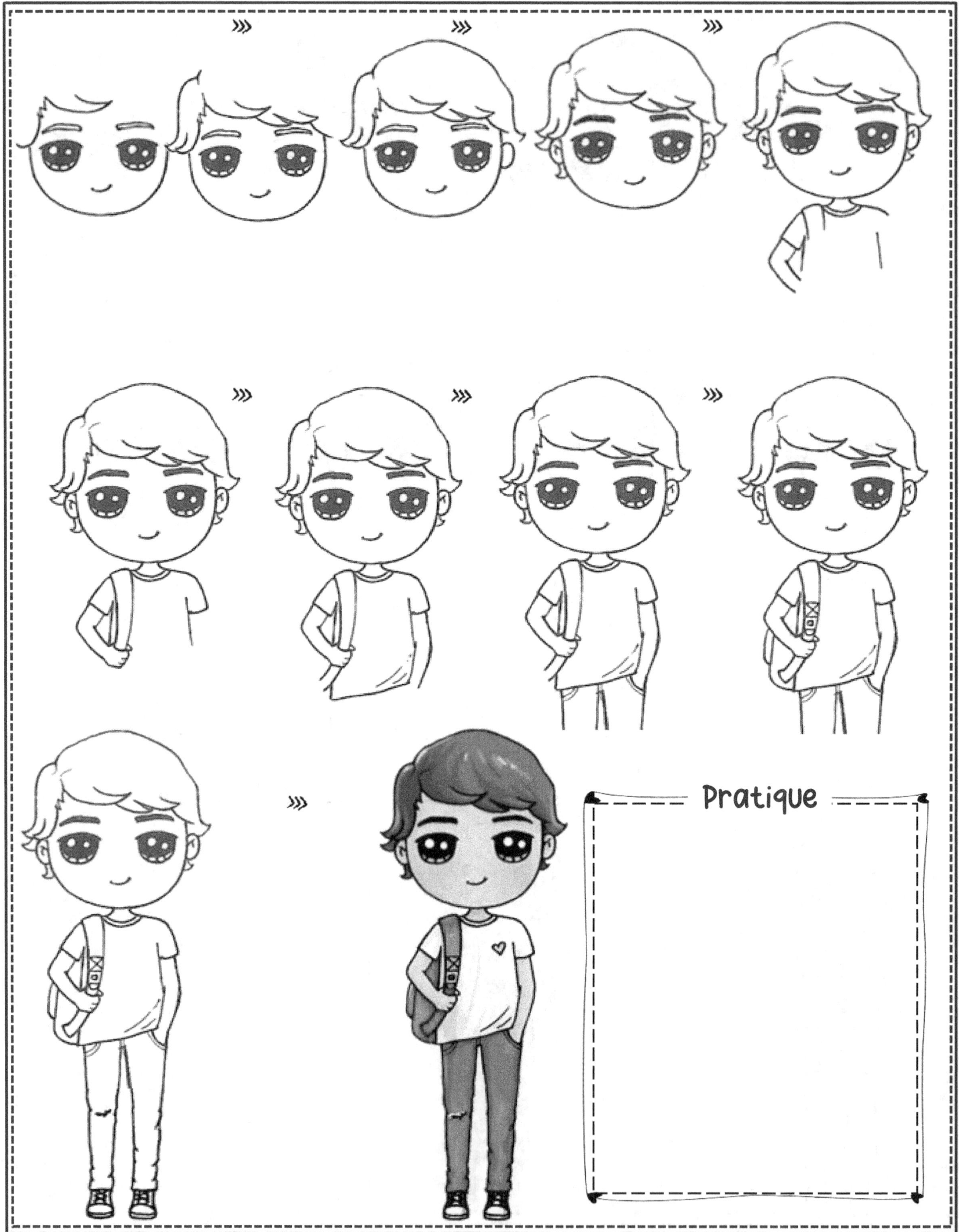

Pratique

Pratique

Pratique

Pratique

Pratique

Pratique

Pratique

Pratique

Pratique

Pratique
I ♥
I ♥

Pratique

Pratique

Pratique

Pratique

Pratique

Pratique

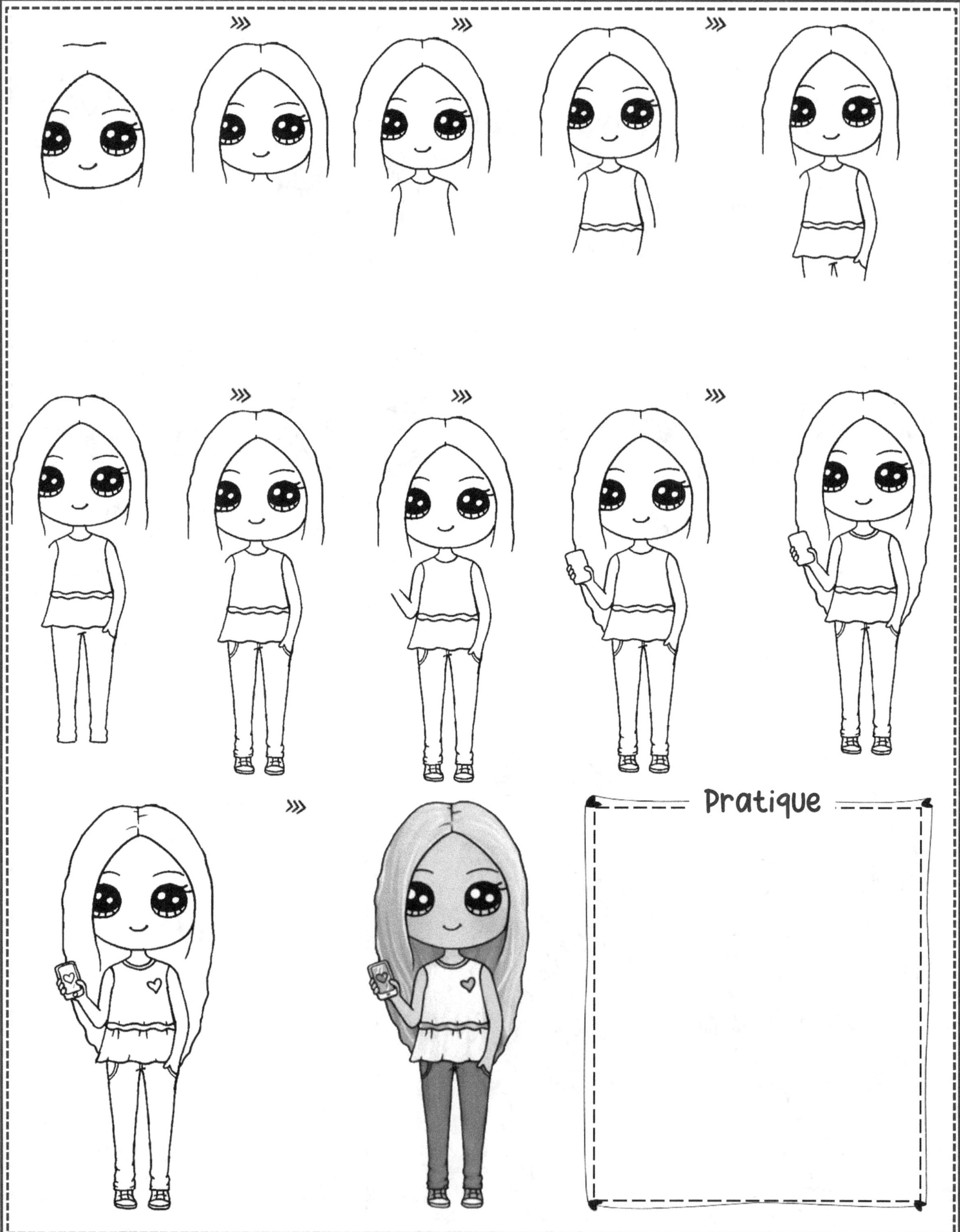

Pratique

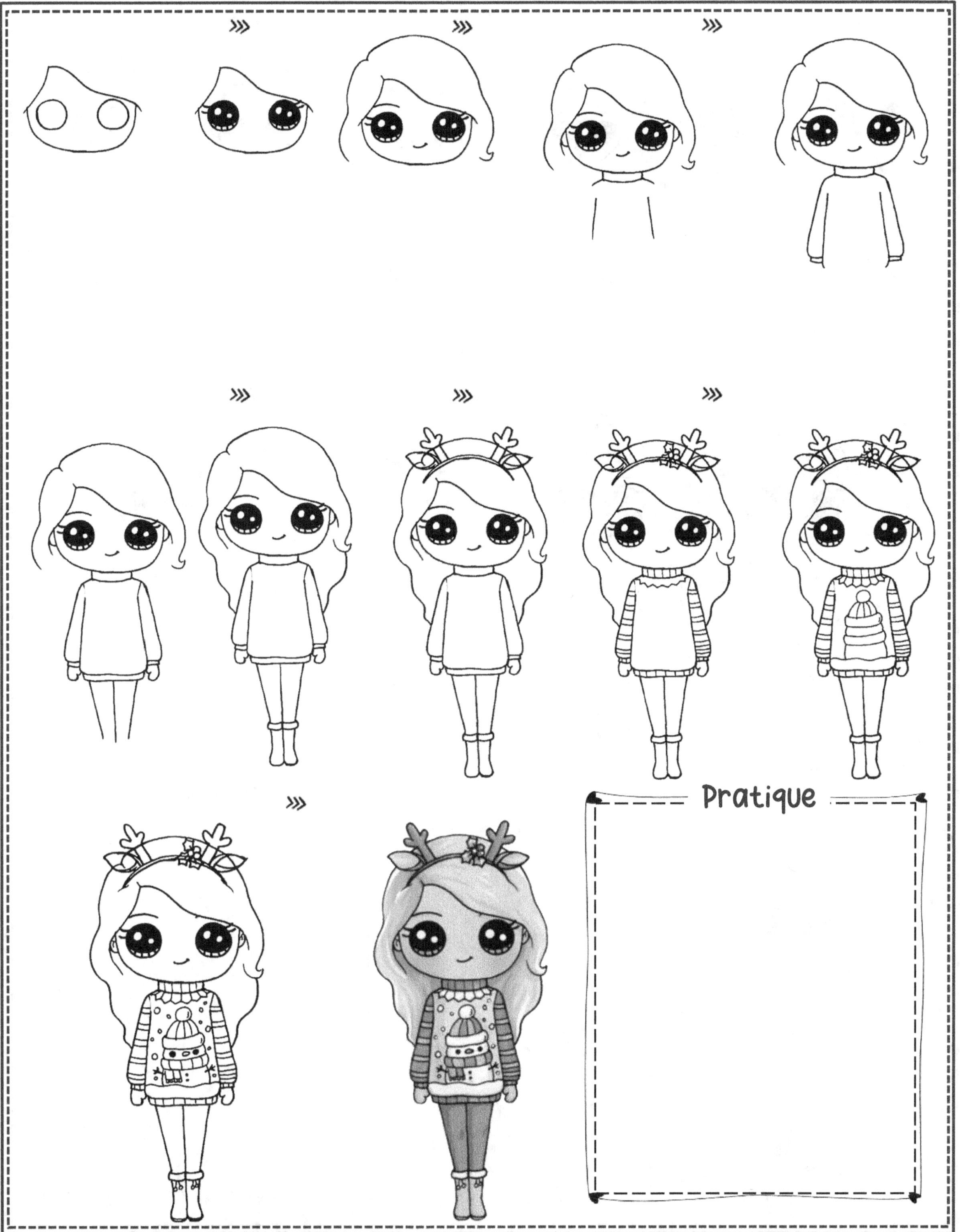
Pratique

Pratique

Pratique

Pratique

Pratique

Pratique

Pratique

Pratique

Pratique

Pratique

Pratique

Pratique

Pratique

Pratique

Pratique
2+2
2+2

Pratique

Pratique

Pratique

Pratique

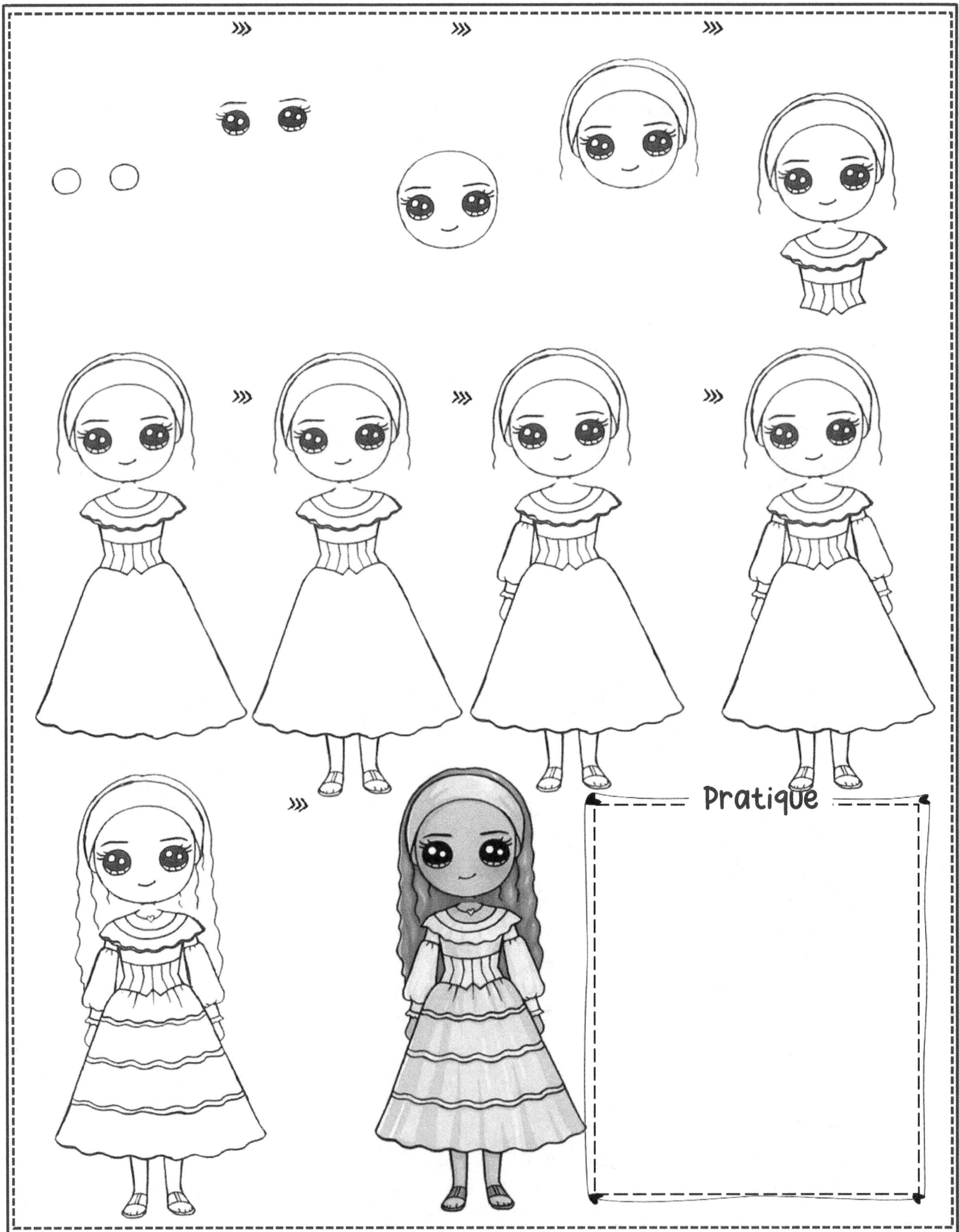
Pratique

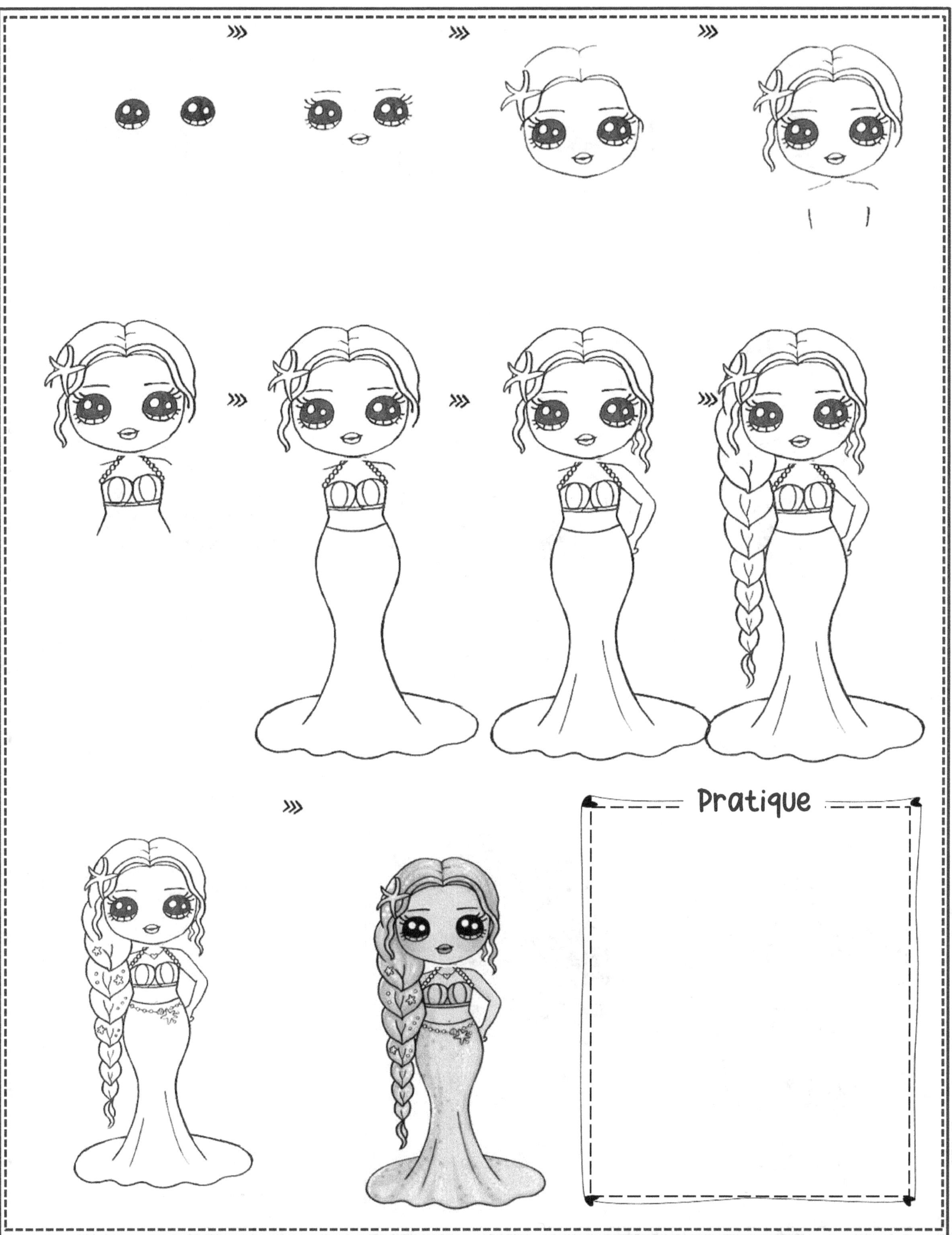

Pratique

Pratique

Pratique

Pratique

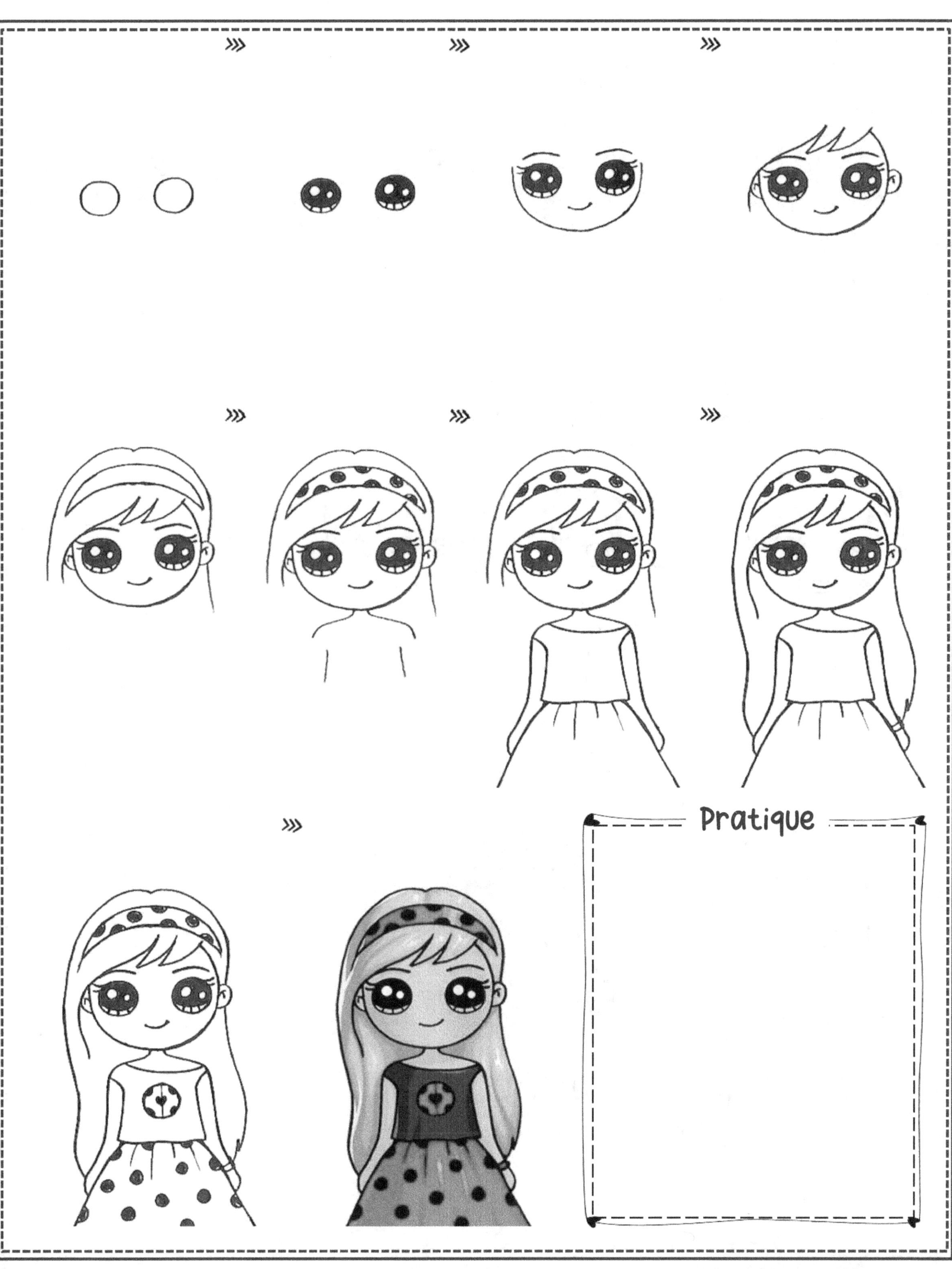
Pratique

Pratique

Pratique

Pratique

Pratique

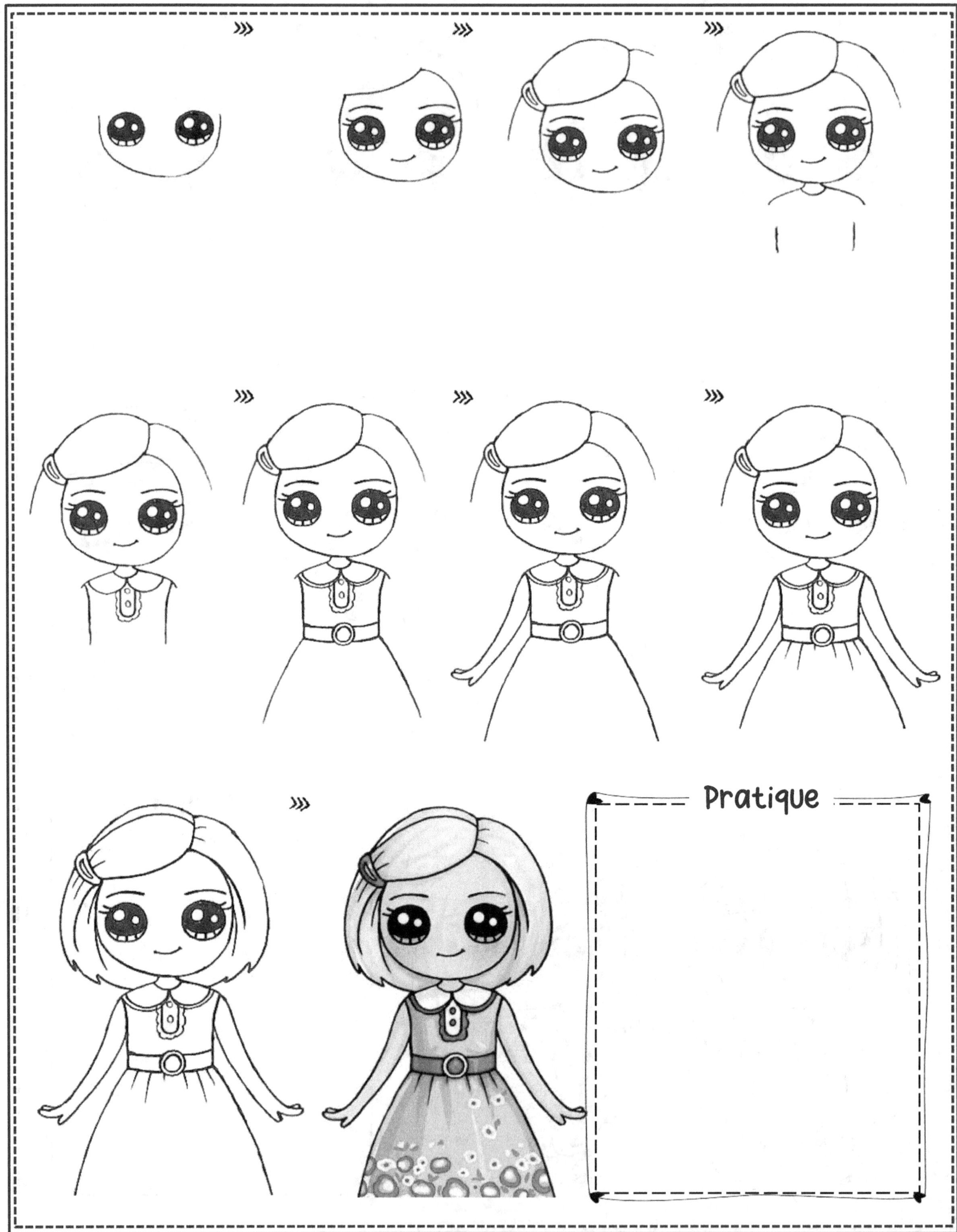

Pratique

Pratique

Pratique

Pratique

Pratique

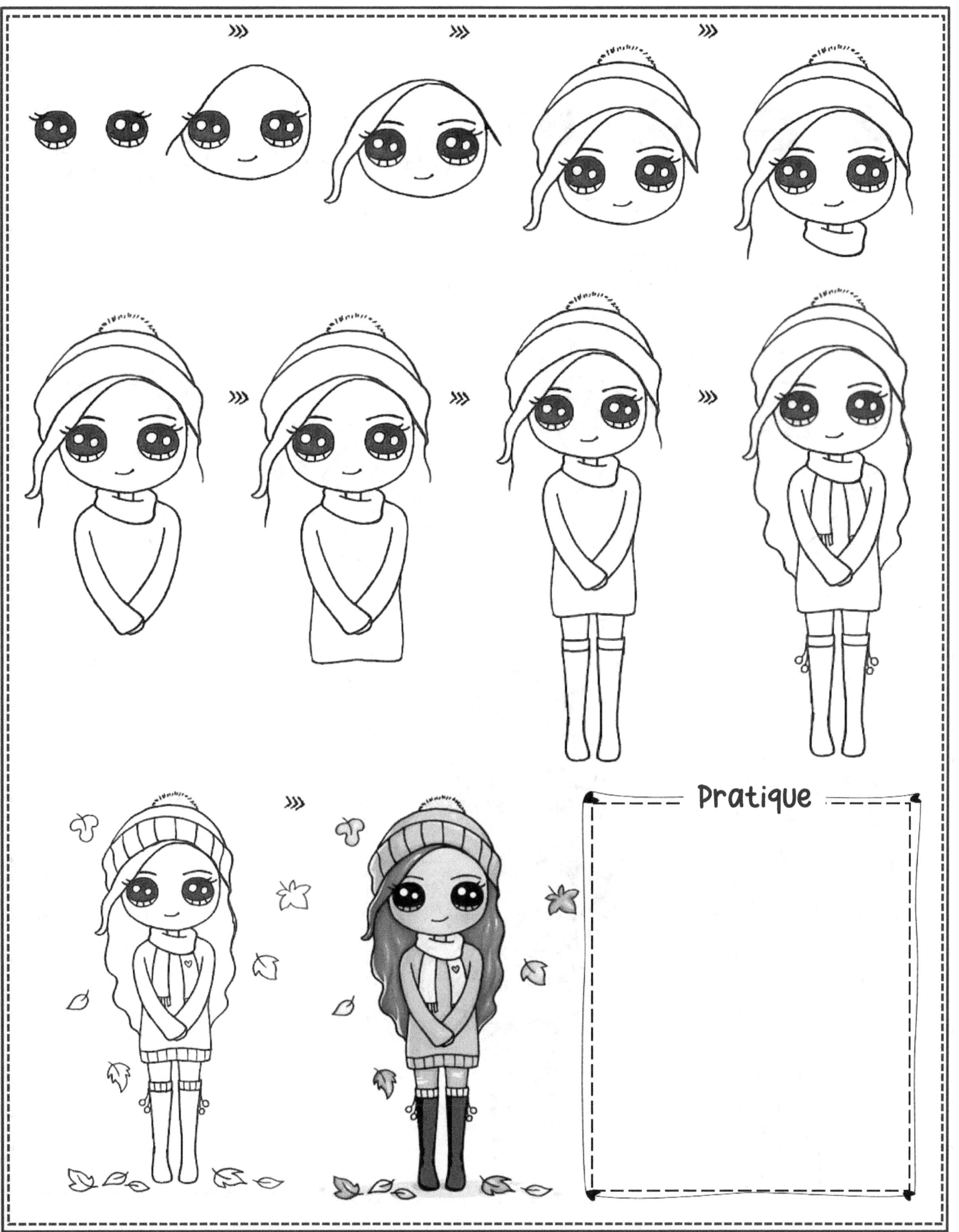

Pratique

Pratique

Pratique

Pratique

Pratique

Pratique

Pratique

Pratique

Pratique

Pratique

Pratique

Pratique

Pratique

Pratique

Pratique

Pratique

Pratique

Pratique

Pratique

Pratique

Pratique

Pratique

Pratique

Merci d'avoir dessiné avec plaisir !

Merci de vous être lancé dans ce voyage créatif avec nous ! Votre enthousiasme pour l'art est inspirant. Votre soutien est très important pour nous !